ALBERT LAMBERT & B. LEBRETON

TERRE-NEUVE

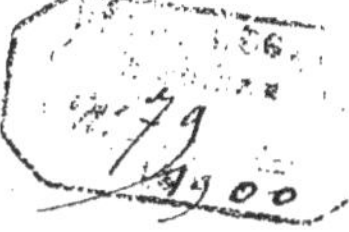

VAUDEVILLE OPÉRETTE EN UN ACTE

Musique de PAUL BLETRY

Représenté pour la première fois à l'Éden-Concert

DISTRIBUTION

3 h. 5 f.

PARIS

C. JOUBERT, Éditeur, 25, rue d'Hauteville.

RÉPERTOIRE DE LA SOCIÉTÉ DRAMATIQUE

Anciennes Maisons BRANDUS & JOUBERT réunies

C. JOUBERT, Successeur

ÉDITEUR DE MUSIQUE

PARIS. — 25, Rue d'Hauteville, 25. — PARIS

RÉPERTOIRE

DES OUVRAGES DE CONCERT EN UN ACTE

ABRÉVIATIONS : D. Veut dire du répertoire de la Société Dramatique, 8, rue Hippolyte Lebas. — Le surplus appartient au répertoire de la Société Lyrique, 10, rue Chaptal.

LOC. Veut dire : La musique n'est qu'en location et ne se vend pas.

Opérettes et Vaudevilles

AUTEURS	TITRES DES ŒUVRES	Hommes.	Femm	Prix nets	AUTEURS	TITRES DES ŒUVRES	Hommes.	Femm	Prix nets
Saint-Maurice.	Abricot (L') d	troupe	»	loc.	Boulay-Layrice.	Choc en retour d	2	2	loc.
De Campisiano.	Absalon	1	3	6 »	Moreau-Gramet.	Cinq contre un	3	3	loc.
Vallès-Garnier.	Affaire Cœurdeveau (L')	5	1	loc.	Villebichot.	Cirque Ponger's (Le)	troupe	»	6 »
F. Bernicat.	Agence Rabourdiu (L')	1	1	5 »	Bessière.	Clou (Le) d	2	2	loc.
Japy.	A huitaine	troupe	»		L. Collin.	Coco Bel-Œil	3	1	6 »
C. Roland.	Aiguilleur (L') d	1	1	loc.	A. Petit.	Cocotte et chiffonnier	1	1	5 »
Bessière-Ruffier.	Ami Vandière (L'). d	7	6	loc.	Villemer				
G. Street.	Amour en livrée (L')	3	1	5 »	Delormel	Colosses de Rhodes (Le)	3	»	4 »
Desormrs.	Amour et l'appétit (L')	1	1	4 »	Péricaud				
Vallès-Garnier.	Amour et sauvetage	3	2	loc.	A. Petit.	Confection pour dames	2	4	5 »
A. Petit.	Amoureux d'Yvonne (Les) d	5	3	loc.	Lebreton-Moreau.	Conscrits bretons (Les) d	7	5	loc.
V. Roger.	Amour Quinze-Vingt (L')	3	1	4 »	L. Collin.	Conscrit tyrolien (Le)	1	1	3 »
Dottin, Boulay-Layrice.	Amours d'un piston (Les)	3	2	loc.	Lebreton-Moreau.	Cote et Cocottes	4	4	3 »
Desormes.	Antoine et Cléopâtre d	1	2	4 »	De Roze et d'Arsay	Culotte du marié (scène) (La)	1	»	1 »
Dorfeuil-Moreau	Après la vie de Bohême d	troupe	»	loc.	Berthelot-Roland.	Daniel dans la fosse aux lions	troupe	»	loc.
J. Emmecé.	A qui le gosse?	troupe	»	loc.	Lebreton-Moreau.	Dans cent ans d	2	11	loc.
M. Chautagne.	Arracheuse de dents (L')	2	1	4 »	Sourilas.	Dégrafée d	3	3	5 »
Dourel, Roydel, Mocjardin	Artistes pour rire d	6	4	loc.	L. Lefèvre.	Dernier verre (Le)	2	1	4 »
Géraldy.	Ascension du Mont-Blanc (L')	1	1	4 »	F Barbier.	Deux amours de chandeliers	1	1	5 »
Oudot de Gorsse	Au Chat qui pelote d	troupe	»	loc.	F. Matz.	Deux avares (Les) d	2	1	8 »
Banès.	Au Coq huppé	3	2	5 »	Ch. Hubans.	Deux coqs vivaient en paix	2	1	6 »
Lebreton-Moreau	Au temps des cerises d	5	3	loc.	F. Gracia.	Deux estafiers (Les)	2	»	2 »
Guérineau.	Auteur par amour	1	2	5 »	M. Chautagne.	Deux muses (Les)	3	»	4 »
Lebreton-Moreau	Autour d'une guérite d	3	2	loc.	F. Barbier.	Deux parfaits notaires (Les)	2	»	4 »
Henry Moreau.	Avant le bal	1	1	3 »	Hervé-Lecocq.	Deux portières pour un cordon d	3	»	4 »
Colonge, Carofalo, Combrel	Baba Bouzouck d	5	6	loc.	Moreau-Boucherat.	Diable au Moulin	5	8	loc.
Deransart.	Baigneur et nageuse	1	1	3 »	Gramet-Talber.	Doigt coupé (Le)	troupe	»	loc.
Leserre.	Barbe-Bleue	1	»	2 »	Saint-Maurice.	Doubles Vierges (Les) d	troupe	»	loc.
Ratcée-Tranchant.	Bataillon Desroches (Le) d	10	10	loc.	Moreau-Gramet	Dragon pour deux	3	2	loc.
A. Moyne.	Béguin d	2	1	loc.	Sourilas.	Drapeau jaune (Le) d	3	2	4 »
Wachs	Bibi ou l'Enfant de l'Amour	1	1	4 »	Dottin, Boulay-Layrice.	Duriflard	5	2	loc.
Moreau-Touzé.	Belle-mère, nouveau jeu	1	3	loc.	J. Domerc.	Ecole buissonnière (L')	3	»	3 »
Moreau-Gramet.	Bougnol et Bougnol	4	2	loc.	Yver-Septmons.	Eh ! Ohé ! Ladrupette ! d	2	»	loc.
Villebichot.	Boum ! Servez chaud	3	2	4 »	Trebla-Croisier.	Elle ! d	5	1	loc.
Hubans.	Breland de bègues	2	1	5 »	Ed. Lhuillier.	Elle débute ce soir	1	1	4 »
D. Bernicat	Cadets de Gascogne	troupe		loc.	Delaruelle.	El senor Piffardino	1	1	6 »
Banès.	Cadiguette (La)	1	1	5 »	Marsay.	En colonne d	troupe	»	loc.
Javelot.	Calino amoureux	2	1	3 »	Lebreton-Moreau.	Enfant des halles (L') d	3	2	loc.
Cellot.	Canne d'un grand homme (La) d	2	2	loc.	Jallais Hubans.	Enlèvement des Sabines (L')	troupe	»	loc
V. Herpin. 3	Capricorne (Le)	troupe	»	loc.	Lebreton-Duroc	Enragés d	4	4	loc.
F. Barbier.	Carmagnole (La)	3	3	5 »	Villebichot.	Entre deux jardins	1	1	4
Lebreton-Moreau	Carnaval conjugal (Le) d	9	9	loc.	Lebreton-Duroc	Entresol d'Eugène d	4	6	loc.
Chabaud, Colonge Trauchant	Ce pauvre Bobinet	2	1	loc.	Garnier-Vallès.	Erreur de Bridouille (L')	3	2	loc.
Chelu.	Chambre à louer	1	1	2 »	Banès.	Escargot (L')	2	3	6 »
Cuvillier.	Chambre à part d	4	2	loc.	A. Pajol.	Esprits d'Argenteuil (Les)	4	3	loc.
Henry Moreau.	Chambre de bonne d	troupe	»	loc.	D. Dihau.	Eternel roman (L')	1	1	4 »
V. Roger.	Chanson des Ecus (La)	3	1	4 »	Garnier-Vallès.	Exploits de Malichard (Les)	5	3	loc.
P. Henrion.	Chanteuse par amour (La) d	»	1	6 »	F. Beauvallet.	Faites le jeu, Messieurs d	3	1	loc.
E. André.	Chaos (Le)	1	1	4 »	Moreau-Gramet	Famille Nitouche (La)	3	4	loc.
Moreau-Boucherat.	Chasse royale d	troupe	»		Lebreton-Moreau.	Farces du Printemps (Les) d	7	4	loc.
Lebreton-Moreau	Chasseurs Alpins (Les) d	6	6	loc.	St-Agnan Choler	Faut du prestige (vaud.) d	3	2	loc.
Cieutat.	Chaste Suzanne (La) d	troupe	»	4 »	Lebreton-Duroc	Faut quo j'casse la g. à Baptiste d	4	3	loc.
Yvel.	Chéri des Dames	troupe		loc.	Flers.	Femina d	troupe	»	loc.
Dourel-Roydel.	Chez la Costumière d	troupe	»	loc	Ch. Gabot.	Femme de Valentino (La) d	»		loc.
Meynard.	Chez le dentiste	3	1	8 »	F. Chaudoir.	Fête à Claudine (La)	1	1	4 »
Lhuillier.	Chez les Corniquets	1	»	1 »	E. Duhem.	Fête à M. le Maire (La)	3	2	4 »
C. Rosenqueet.	Chicard et Bébé	1	1	4 »	Dorfeuil-Bouvet	Fiancé des Nourrices (Le) d	troupe	1	loc.
Ponnier.	Chien et Chat d	4	1	5 »	Javelot.	Fiancés berrichons (Les)			3 »

ALBERT LAMBERT & B. LEBRETON

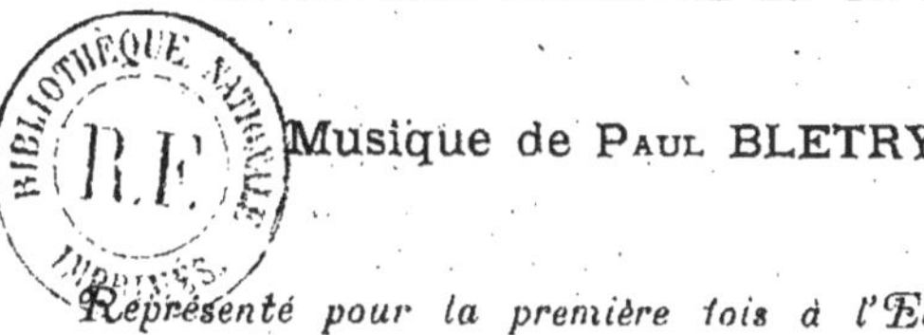

TERRE-NEUVE

VAUDEVILLE OPÉRETTE EN UN ACTE

Musique de PAUL BLETRY

Représenté pour la première fois à l'Eden-Concert

DISTRIBUTION

3 h. 5 f.

PARIS

C. JOUBERT, Editeur, 25, rue d'Hauteville.

RÉPERTOIRE DE LA SOCIÉTÉ DRAMATIQUE

REPERTOIRE B. LEBRETON

Pièces en un Acte

Chez M. JOUBERT, Éditeur, 25, rue d'Hauteville, 25, PARIS

Agence PELLERIN, 8, rue Hippolyte-Lucas.

A LA SOCIÉTÉ DRAMATIQUE

Pièce		h.	f.
Les joies du Divorce..........		6 h.	7 f.
Gueule d'Or..................		6 —	6 —
Enragés ....(avec J. Duroc)		4 —	4 —
Soir de Noce......		4 —	4 —
L'entresol d'Eugène..........		4 —	6 —
Faut que j'casse la g... à Baptiste.		5 —	2 —
Hôtel d'Artistes..........		6 —	6 —
L'Hôtel de Noblepanne		4 —	4 —
L'Enfant des Halles (avec H. Moreau)		3 —	2 —
Autour d'une guérite.....	—	3 —	2 —
Trio de troupiers.........	—	5 —	2 —
Les farces du printemps..	—	5 —	3 —
Les Volontaires de 92....	—	4 —	2 —
Friquet..................	—	7 —	5 —
Les Chasseurs alpins.....	—	6 —	6 —
Les Treize jours d'un Parisien	—	8 —	6 —
Les Amoureux d'Yvonne.	—	4 —	2 —
Miss Kissmy............	—	5 —	3
Au Temps des Cerises...	—	5 —	3 —
La Petite Colonelle... ...	—	7 —	3 —
Nos Voisins...	—	6 —	6 —
Dans cent ans....	—	11 —	11 —
Carnaval conjugal...... .	—	9 —	9 —
La Fille du Marin........	—	8 —	7 —
Les Trois Maçons........	—	4 —	2 —
L'Héritière des Carapattas	—	8 —	8 —
Les Jocrisses du mariage.	—	6 —	6 —
Les Conscrits bretons....	—	7 —	5 —
Monsieur Sans-Gêne.....	—	6 —	6 —
Le 13e Spahis............	—	8 —	9 —
Les Petites Ménichon....	—	8 —	10 —
Le Fils à Papa.....	—	4 —	6 —
Les Vierges du Chahut...	—	5 —	10 —
La Petite Baronne.......	—	6 —	9 —
Le Signe de Léda.......	—	8 —	8
Par la gymnastique (avec A. Lambert)		2 —	2 —
Terre-Neuve. (avec A. Lambert).		4 h.	4 f.
La Grenouille (avec E. Blairat).		4 —	2 —
Une Consultation........ .	—	4 —	3 —
L'Homme pâle.	—	4 —	2 —
Les Filles de la Cantinière (E. Soudant)		7 —	4 —
J'épouse ma bonne........	—	5 —	4 —
La foire aux nichons. (avec Talber)		7 —	7 —
La Frangine..... (avec Beissier)		7 —	6 —
Nos Marsouins..	—	7 —	4 —

Agence générale SOUCHON, 10, rue Chaptal.

A LA SOCIÉTÉ LYRIQUE

Pièce		h.	f.
Un mauvais Conscrit (avec H. Moreau)		1 —	1 —
Les Noces d'or...........	—	1 —	2 —
Cote et cocottes.........	—	4 —	4 —
La Vocation d'Isoline....	—	1 —	2 —
Le Frère de lait.........	—	1 —	2 —
Nourrices et Troubades..	—	4 —	4 —
Soldat........	—	5 —	5 —
Les Petits Zouzous......	—	8 —	8 —
Le Contrôleur des Wagons-Bars		5 —	3 —
Çà porte bonheur!. . ..	—	5 —	3 —
Les Trois Gosses (avec de Téramond)		4 —	4 —
Le Serment du marin (avec E. Soudant)		4 —	2 —
Le Truc du Pharmacien (A. Lambert)		2 —	4 —

Nous rappelons à MM. les Directeurs qu'ils peuvent jouer indifféremment les pièces de l'une ou l'autre société, en ne payant les droits d'auteurs qu'à la Société où la pièce a été déclarée.

ALBERT LAMBERT & B. LEBRETON

TERRE-NEUVE

Vaudeville-Opérette en un acte

PERSONNAGES :

ADRIEN D'HERBERT, étudiant en droit	MM. VILLÉ.
GRINGOLARD, étudiant de 15e année	POLIN.
COLLODION, étudiant en médecine	GOSSET.
THÉRÈSE, gouvernante d'Adrien	Mmes DUGUERRET.
SIDONIE	BOKAÏ.
GENEVIÈVE, jeune ouvrière	MICHELINE.
POLKETTE.	LIOVENT.
RÉSÉDA	MAZEDIER.

De nos jours, au quartier Latin.

Une chambre d'étudiant, bibelots et meubles étranges. — A droite un canapé. — A gauche, une table. — Cheminée, buffet, etc.

SCÈNE I

Adrien, *seul, en manches de chemise. Il dort sur le canapé, la tête en bas, les pieds en l'air, rêvant. — Musique de scène.*

Sidonie !... Geneviève ! Je t'aime !... Je ... (*Il fait un brusque mouvement et tombe à terre. S'éveillant*). — Entrez !... Hein?... Quoi?... Qu'est-ce que je fais là ?... Tiens, c'est chez moi !... Comment diable y suis-je venu ?... Il me semble pourtant qu'hier soir j'étais... Au fait ! où donc étais-je hier soir ? (*Voyant ses vêtements épars sur les meubles*). Eh bien ! c'est gentil dans mon intérieur, quel gâchis... Et quel mal de tête !... (*Se frottant le front*) Cristi !, Ça me bat là dedans !... Non, ce que j'ai dû m'amuser cette nuit... Et dire que voilà six mois que je m'amuse... comme ça ! Par exemple c'est Thérèse qui ne va pas rire encore. Aye ! aye ! aye !... que j'ai mal aux cheveux... et soif donc... Oh ! la carafe !... Sauvé ! merci mon Dieu ! (*Il prend la carafe qui est sur le bufft*).

SCÈNE II

Adrien, Thérèse.

THÉRÈSE, *un bol de thé à la main, entrant et l'arrêtant.*

Tenez, buvez cela, mauvais sujet ! C'est meilleur.

ADRIEN, *reculant.*

De la tisane !... Horreur !

THÉRÈSE

Non, du thé... Ça vous remettra.

ADRIEN, *buvant.*

Ah ! ça va mieux ! Merci, maman Thérèse... Bon chien fidèle, va !

THÉRÈSE

Oui, mais un chien qui devrait grogner...

ADRIEN

Qui devrait mordre !... Tiens, bats-moi, je l'ai mérité.

THÉRÈSE, *riant.*

Ah ! bah ! c'est de votre âge !...

ADRIEN

Comment, tu ris ?... Je veux que tu me grondes... Papa t'a envoyée à Paris pour me surveiller, pour me corriger. Tu manques à tes devoirs.

THÉRÈSE

Bon !... Bon !...

ADRIEN

Je découche... tu ris... Je rentre malade... tu me soignes... J'ai des peines de cœur, tu me consoles... avec du thé ! Et pourtant voilà six mois que je cascade sans désemparer... Vois-tu, je suis un godailleur qui ne fera jamais rien !

THÉRÈSE

Vous faites des dettes, on ne peut pas tout faire.

ADRIEN

Jolie morale !

THÉRÈSE

Bah ! vous vous amusez, vous faites bien... Votre père m'a dit : « Ferme les yeux sur les bêtises, mais ouvre-les sur les fautes ». Jusqu'à présent vous ne faites que des bêtises, ça vous regarde. Mais quand il faudra crier, je crierai et peut-être plus fort que vous ne voudrez... D'abord je sais tout ce que vous faites...

ADRIEN

Oui ?... Eh bien, si tu veux me dire ce que j'ai fait cette nuit, tu me feras un vrai plaisir ; si je m'en rappelle je veux être pendu.

THÉRÈSE, *prenant l'habit d'Adrien.*

Ce n'est pas malin. Faisons l'enquête (*Elle fouille dans les poches de l'habit*) Une natte de cheveux.

ADRIEN

Ce n'est pas à moi.

THÉRÈSE, *sortant une lettre.*

Une lettre (*Lisant*) « Ma chère Geneviève » — Hein ! Vous écrivez à la petite voisine ?

ADRIEN, *à part.*

Bigre !... (*Haut*) Rien !... une plaisanterie... passons (*Il lui prend la lettre*).

THÉRÈSE, *sérieuse.*

Non, ne passons pas... Oh ! faut pas jouer avec ça, M. Adrien... C'est une jeune fille sage, honnête, ce serait mal de l'entraîner.

ADRIEN

Oui ! oui. « Laissons les roses aux rosiers » Connu. Ensuite ?...

THÉRÈSE, *fouillant toujours.*

Une carte... un roi de carreau !

ADRIEN

Ah ! j'y suis ! tout me revient... j'ai passé la nuit chez Sidonie avec Gringolard et des camarades.

THÉRÈSE

Oui, votre ami Gringolard... En voilà un qui ne me revient guère... Un myope qui ne s'occupe que d'affaires louches. Et avec ça, filou comme un arabe... Drôle de société que vous avez là.

ADRIEN

Ne blague pas Gringolard, c'est un finaud ; c'est lui qui jongle avec le code... quand on pense que voilà 15 ans qu'il est étudiant de première année.

THÉRÈSE

Et mademoiselle Sidonie, est-ce qu'elle jongle aussi avec le code ?

ADRIEN

Ah ! touchons pas à Sidonie, c'est une femme mirobolante, un cœur exquis et un chic étonnant .. aussi elle a plus d'adorateurs que de cheveux...

THÉRÈSE, *lui donnant la natte de cheveux.*

Alors, faudra lui rendre ceux-ci, ils manqueraient à sa collection.

ADRIEN, *subitement.*

Oh ! sapristi !.. j'oubliais !.. je crois que je les ai tous invités à déjeuner ce matin.

THÉRÈSE

Ses cheveux ?

ADRIEN

Non ; Sidonie, Gringolard et les autres.

THÉRÈSE

Hum !.. je vous vois venir.., il faut vous fricoter un petit balthazar.

ADRIEN, *la câlinant.*

Oui, ma grosse dondon, je te donnerai un cordon bleu d'honneur au jour de l'an.

THÉRÈSE

C'est bon, allez vous habiller, vous serez content.

ADRIEN, *l'embrassant*

Merci, m'man... ; t'as de bonnes joues fraîches, sais-tu.

THÉRÈSE

Pardine, c'est nature, ce n'est pas recrépi à la chaux, comme votre...

ADRIEN, *en sortant.*

Comme Sidonie !.. oh ! tu ne l'aimes pas décidément.

SCÈNE III

Thérèse, *seule, elle range les effets d'Adrien.*

Grand vaurien, va !.. Enfin il a du cœur, il reconnaît ses fautes. Et faute reconnue est à moitié corrigée... C'est égal, il travaillerait un peu plus et dépenserait un peu moins... *(Réfléchissant.)* « Ma chère Geneviève. » Il en conte donc à la petite voisine ?.. Comme il a changé d'air en parlant d'elle... Faudra voir !.. Faudra voir !.. *(Elle met le couvert après avoir placé la table au milieu).*

SCÈNE IV

Thérèse, Geneviève.

GENEVIÈVE, *paraissant sur le seuil de la porte.*

Bonjour, madame Thérèse.

THÉRÈSE

Tiens, mademoiselle Geneviève ! Entrez donc, vous arrivez comme Marée en Carême, je suis dans mon coup de feu.

GENEVIÈVE, *descendant.*

Si je puis vous être utile ?

THÉRÈSE

Ma foi, ce n'est pas de refus. (*Elles causent en mettant le couvert.*) Quoi que ça ne sera pas long, car avec moi rien ne traîne.

GENEVIÈVE

C'est vrai... aussi Monsieur Adrien est bien heureux de vous avoir, vous si bonne, si dévouée. C'est Monsieur d'Herbert qui vous a envoyée près de son fils ?

THÉRÈSE

Eh ! mais vous êtes bien curieuse... Oh ! faut pas rougir pour ça... Tenez; écoutez un bon conseil... vous êtes une adroite couturière, bien sage, bien élevée... Croyez-moi, il ne faut pas tant penser à M. Adrien.

GENEVIÈVE

Mais, ma bonne Thérèse, qui vous dit?...

THÉRÈSE

Ta, ta, ta... Je n' suis qu'une paysanne, mais on voit de loin dans nos grandes plaines... Ne serions-nous pas un brin amoureuse?

DUETTO

GENEVIÈVE

Je n'ose pas m'interroger moi-même,
Et dans mon cœur, allez, je souffre bien,
Depuis le jour qu'il m'a dit : je vous aime !

THÉRÈSE

Il vous a dit?... Tiens je n'en savais rien !

GENEVIÈVE

Je pense à lui sans rien dire, à toute heure,
La nuit aussi bien que le jour...
Je suis heureuse et cependant je pleure,
Est-ce cela qu'on appelle l'amour?

THÉRÈSE

Oui, c'est cela, ce n'est pas autre chose,
Mais sait-il, lui, que vous l'aimez?

GENEVIÈVE

Oh ! non.
J'ai repoussé son amour.

THÉRÈSE

Et la cause ?

GENEVIÈVE

J'étais trop peu pour accepter son nom.

THÉRÈSE

Oh ! C'est très bien.

GENEVIÈVE

C'était une folie,
Depuis ce jour, hélas ! il s'est jeté
Entre les bras de cette Sidonie
Et cependant, malgré sa cruauté,
Je pense à lui sans rien dire à toute heure
La nuit aussi bien que le jour,
Je suis heureuse et cependant je pleure
Est-ce cela qu'on appelle l'amour ?

REPRISE ENSEMBLE

THÉRÈSE

On pense à lui sans rien dire, à toute heure,
La nuit aussi bien que le jour.
On est heureux et cependant l'on pleure,
C'est bien cela qu'on appelle l'amour.

GENEVIÈVE

Je pense à lui, sans rien dire, à toute heure
La nuit aussi bien que le jour,
Je suis heureuse et cependant je pleure
Est-ce cela qu'on appelle l'amour ?

THÉRÈSE

Mais c'est un amour qu'il ne faut pas encourager... car Adrien...

GENEVIÈVE

N'est pas pour moi... je le sais... je suis pauvre. . Aussi,j'ai toujours refusé de l'écouter et c'est ma résistance, j'en suis sûre, qui l'a jeté dans les folies.

THÉRÈSE

Ah, diable !... Ah bast ! Tous les enjôleurs disent cela.

GENEVIÈVE

Si c'était vrai pourtant .. Savez-vous, madame Thérèse, qu'il passe toutes ses nuits à jouer chez cette Sidonie qui le ruine et le trompe indignement ?

THÉRÈSE

Mais qu'est-ce qu'elles ont donc ces coquines pour entortiller ainsi les hommes !

GENEVIÈVE

Nous autres couturières qui les habillons, nous le savons bien, allez !.. Elles n'ont pas grand'chose.

THÉRÈSE, *réfléchissant.*

Allons, il faudra décidément l'arracher de ces griffes-là.

SCÈNE V

LES MÊMES, **Gringolard**.

GRINGOLARD, *entrant.*

Ne vous dérangez pas, c'est moi. *(Saluant Geneviève)*. Mademoiselle Geneviève, tous mes hommages ! *(A Thérèse)*. Incorruptible Thérèse, pourrait-on jaboter avec Adrien avant le déjeuner ? Dites donc, faites-lui mijoter une soupe à l'oignon, ça le remettra !.

THÉRÈSE

Vous avez trouvé ça, vous, malin ? *(Elle sort)*.

SCÈNE VI

Geneviève Gringolard.

GRINGOLARD

Toujours !... il a soupé chez Sidonie, et ce qu'on s'imbibe chez elle !... C'est incommensurable ! Ce qu'on y dépense d'esprit. C'est vertigineux ! et je m'y connais ! Aussi Adrien en est littéralement toqué... Quand on pense que vous l'avez aimé, ce farceur-là.

GENEVIÈVE

Monsieur Gringolard.

GRINGOLARD

Voyons, il vous faut quelque chose de mieux... ou plutôt de plus .., non, de moins... Enfin, votre père est à la veille de gagner son procès, grâce à mes conseils. Ce jour-là, les prétendants ne vous manqueront pas. Pour ma part, j'en connais un qui n'attend que cela pour éclater.

GENEVIÈVE, *ironique.*

Vraiment. Oh ! qu'il prenne garde, je serai très difficile.

GRINGOLARD

Oh ! il ne craint rien, il a tous ses diplômes.

GENEVIÈVE

Je le veux beau, spirituel, élégant.

GRINGOLARD, *avec fatuité.*

Eh bien ! mais... C'est tout à fait ça.

GENEVIÈVE

Je veux que sa voix soit une mélodie.

GRINGOLARD

C'est encore ça, car je suis assez mélodieux... un vrai rossignol, quand je parle d'amour à une femme...

GENEVIÈVE

C'est comme si vous chantiez !..

GRINGOLARD

Oui... c'est comme si je... hein ! Comment ?

GENEVIÈVE

Un seul possédait toutes ces qualités : Adrien.

GRINGOLARD, *furieux.*

Encore ! Mais il ne pense qu'à sa Sidonie, votre Adrien : la preuve, c'est qu'il va l'épouser.

GENEVIÈVE

L'épouser !

GRINGOLARD

Parfaitement, il lui a signé cette nuit une promesse de mariage, avec dédit de 50.000 fr. rien que ça.

GENEVIÈVE, *épouvantée.*

50.000 francs.

GRINGOLARD

A l'Américaine, oui 50 000 fr. de billets... Oh ! comme mécanisme c'est excessivement simple... Adrien épouse Sidonie et le soir de la noce elle lui restitue les billets... Pas de mariage, alors les billets suivront leur petit bonhomme de chemin et le papa d'Adrien fera une jolie brèche à sa bourse... voilà !

GENEVIÈVE

Vous avez fait cela ? Vous n'avez pas empêché une pareille infamie ?

GRINGOLARD

Je voudrais vous y voir, quand on vous force.

GENEVIÈVE

Il vous a forcé de...

GRINGOLARD

Je crois bien, il se fâchait tout rouge.

GENEVIÈVE

Mais il était gris.

GRINGOLARD

Il était gris, mais il était rouge. Et puis Sidonie vaut bien ça ! C'est une femme qui... Eh, eh ! Elle a le sac ! Il n'y perd peut-être pas !

GENEVIÈVE

Alors, c'est certain... il l'épousera ?

GRINGOLARD

Pour sûr ! Il en est fou... Mais motus !... Le voilà, ce cher ami.

GENEVIÈVE

Je ne veux pas le voir. (*En sortant*) L'épouser ! Oh ! j'en mourrai de chagrin.

SCÈNE VII

Adrien, Gringolard, Thérèse, *elle va et vient pendant la scène.*

GRINGOLARD, *à Adrien qui entre.*

Arrive donc flâneur ! Ah !... Ah !... Solide comme l'obélisque... mes compliments... vous lui avez rendu sa fraîcheur, Thérèse.

THÉRÈSE

Je n' pourrais pas faire ça pour tout le monde.

GRINGOLARD, *riant.*

Ah ! Ah ! très drôle... C'est un mot... Et je m'y connais !

ADRIEN

Comment, tu n'as pas amené Sidonie ?

GRINGOLARD

Elle va venir avec Collodion et ces dames. Quelle femme, hein, cette Sidonie ?

ADRIEN

Merveilleuse, mon cher Gringolard, j'en suis fou ! je la trouve renversante.

GRINGOLARD

Elle est pyrotechnisante ! Tiens, tu as une jolie épingle.

ADRIEN, *la lui remettant.*

Tu trouves ?

GRINGOLARD, *examinant l'épingle.*

Ça ferait très bien sur ma cravate.

ADRIEN

Eh bien, garde-la.

THÉRÈSE, *à part.*

Et allez donc... Pour ça, il s'y connaît *Elle sort*).

GRINGOLARD, *la suivant de l'œil.*

J'accepte comme honoraires !

ADRIEN

Quels honoraires ?

GRINGOLARD

Dame, tu m'as assez fait travailler cette nuit avec tes petits papiers.

ADRIEN

Quels papiers ?

GRINGOLARD

La promesse de mariage à Sidonie et les 50.000 francs de billets.

ADRIEN

J'ai fait ça, moi ? C'est une mauvaise plaisanterie.

GRINGOLARD

Même que tu voulais m'étrangler, si je n'écrivais pas. Ah ! Dame ! Quand tu es parti, tu fais ton Rothschild. . Et puis à jeun, voilà que ce n'est plus ça.

ADRIEN

C'est bon, s'il le faut, je paierai, car tu penses bien que je désire réfléchir toute la vie avant d'épouser Sidonie.

THÉRÈSE, *qui vient d'entrer, entendant la fin de la phrase.*

L'épouser ? Encore ?... C'est ce que nous verrons !... Il faut que ça éclate !

COLLODION, *criant au dehors.*

Pi... ouit.

POLKETTE, RÉSÉDA, SIDONIE, *de même.*

Ohé ! Adrien !

GRINGOLARD, *remontant.*

Voici la bande joyeuse !

ADRIEN, *de même, à la porte.*

Par ici, mes amis, par ici !

SCÈNE VIII

LES MÊMES, **Polkette, Sidonie, Réséda, Collodion.**

CHŒUR D'ENTRÉE

Au diable les mines sévères !
A table et que le bruit des verres
Amis, réveille la gaité ;
Buvons à sa santé,
Chantons
Buvons
A sa santé !

SIDONIE

Salut à Madame Thérèse ;
Mais vous embellissez vraiment,

THÉRÈSE

Merci, Mam'zelle, j'en suis ben aise
Mais j'peux pas vous en dire autant ;

RÉSÉDA

Oh ! la réponse est admirable !

ADRIEN

Allons, mes amis, vite à table,
Thérèse, tu peux nous servir.

THÉRÈSE

Servir cette... oh ! ça va finir !...

REPRISE DU CHŒUR

On se place à table pendant le chœur

RÉSÉDA

Dis donc, Adrien, tâche d'avoir la tête plus solide qu'hier.

POLKETTE

Ah ! oui, car il a fallu que Gringolard t'équilibre dans un sapin pour te ramener au bercail.

RÉSÉDA

C'est rien bête un homme quand c'est gris !

SIDONIE, *qui cajole Adrien.*

Qu'est-ce qui dit que mon Dri-Dri était bête ? Il est le beau bébé à sa nounou... L'aimait-il sa belle Ninie ?

ADRIEN

Oh ! si j't'aime !

GRINGOLARD

... *Métrique !*

COLLODION, *poussant un cri.*

Oh ! pas de calembour, je me fais aéronaute !

SIDONIE

Bécotez votre petite femme chérie (*Elle l'embrasse*).

GRINGOLARD

Oh ! pas de ça ici ! Ça va faire tourner la mayonnaise.

RÉSÉDA

Finissez, ou j'appelle les gendarmes.

COLLODION

Séparons-les (*Jeu de scène : ils tirent de chaque côté Sidonie et Adrien pour les séparer, Adrien et Sidonie se rejoignent).*

GRINGOLARD, *mettant le homard entre leurs baisers.*

Vous avez fait rougir le homard !

SIDONIE

Ah ! fichez-moi la paix, j'aime mieux l'embrasser que de l'entendre pleurnicher comme hier.

ADRIEN

Comment? Qu'est-ce que j'ai donc dit?

POLKETTE, *éclatant de rire.*

Tu nous récitais le code.

ADRIEN

Pas possible ! vous avez dû bien rire.

GRINGOLARD

J'ai failli avaler le piano.

SIDONIE

Et puis tu m'appelais tout le temps Geneviève. Tu as donc une Geneviève. Je ne te passerai pas ça.

GRINGOLARD, *grave.*

Pourtant, il faut que Geneviève se passe !

COLLODION

Oh ! que je souffre ! Je me fais aéronaute !

ADRIEN

Alors vrai .. j'étais...

GRINGOLARD

Tout le portrait de notre vertu... Tu roulais.

RÉSÉDA

Tu nous as dit des vers !

POLKETTE

J'en ai attrapé un rhume.

GRINGOLARD

Tu l'as *enrimée.*

COLLODION

Oh ! que je souffre ! Je me fais aéronaute !

ADRIEN

Enfin qu'est-ce que je disais ?

POLKETTE

Est-ce que je sais moi ? Que tu voulais travailler, illustrer ton nom, des bêtises, quoi ! Tu nous appelais idiots.

THÉRÈSE, *qui va et vient en servant.*

C'était déjà pas si bête, ça. Le vin lui soufflait la vérité.

GRINGOLARD

In vino veritas ! Connu, beauté rustique !

SIDONIE

Tiens, maman Thérèse qui va faire de la morale.

RÉSÉDA

Passez-moi la morale de Thérèse.

COLLODION

Une morale soignée ! une !

GRINGOLARD

Avec un peu de mayonnaise. *(On rit.)*

ADRIEN

Gare à toi, ma bonne Thérèse, tu n'es pas de force. Ils vont t'écharpiller.

THÉRÈSE

Oh ! j'suis bon cheval de trompette ! j'ai pas peur du bruit. Ils peuvent m'asticoter, j'ai de quoi leur répondre.

TOUS

A la tribune ! A la tribune !

THÉRÈSE, *prenant le milieu.*

Soit m'y voilà à la tribune !. » Eh bien oui, la vie que vous menez est idiote.

POLKETTE

Il faudrait peut-être renoncer à Bullier?

RÉSÉDA

A Peters ?

SIDONIE

A Vachette ?

COLLODION

Aux brasseries moyen âge, et aux femmes... dans le même genre ?

ADRIEN

Ne plus s'amuser.

THÉRÈSE

Avec ça que vous vous amusez? Laissez-moi donc tranquille. . Le bal? Savez-vous danser? Le chant! Savez-vous chanter? L'amour! Savez-vous aimer? Non, vous vous disloquez comme des pantins et vous appelez ça danser. Vous braillez des chansons idiotes et vous appelez ça chanter. Vous vous abrutissez avec la première venue et vous appelez ça de l'amour. Pour habiller, pour maquiller ces poupées, qui se moquent de vous, vous dépensez de quoi nourrir dix honnêtes mères de famille. Vous perdez avec ces coquines le goût du travail, le respect de vous-mêmes et des autres! Bien heureux encore si vous n'êtes pas assez bêtes pour les épouser. Et vous appelez ça vous amuser? Allons donc!

RÉSÉDA

Oh! ce que je ne viendrai plus déjeuner ici.

SIDONIE, *à Thérèse.*

Ce n'est pas pour moi que vous dites ça, j'espère?

ADRIEN, *embarrassé.*

Mais non!... tu es bête... tu n'es pas de ces femmes... qui .. que... nous font la... le...

GRINGOLARD

Voyez démêloir.

ADRIEN

Tu ne me renies pas toi... tu ne me trompes pas.

GRINGOLARD

Oh! non!... avec un peu de mayonnaise!

ADRIEN

Cependant il y a du vrai dans ce qu'elle dit, car enfin c'est stupide cette noce à jet continu.

SIDONIE

Tu crois?... Attends je vais lui répondre à ta maritorne... *(On se lève de table)* Arrive ici, fleur agreste... je parie que tu aimais mieux l'ancienne grisette .. la coureuse de bastringues, en savates et sans corset... la fleuriste en indienne, en bonnet, aux mains rouges, aux bijoux en toc... Crois-tu que ça vaille ça?... Tu peux regarder mes bracelets et le reste... ce que je montre est en vrai.

THÉRÈSE, *à part.*

Et ce que tu caches est en faux.

SIDONIE

Aujourd'hui nous avons les mains propres, ma vieille! aux bals, aux courses, aux théâtres, partout, on nous prend pour des duchesses. Le Quartier Latin, c'est aussi notre école à nous... Nous y apprenons la grande vie, la cascadologie et nous l'exportons triomphalement aux quatre coins du monde.

TOUS

Bravo!... Bravo!... Conspuez Thérèse *(Ils chantent)*; Conspuez Thérèse.
Conspuez. } *bis*

RÉSÉDA

Sidonie, pour l'achever, chante-lui donc la scie nouvelle?

TOUS

Oh! oui... oui! une chanson!

THÉRÈSE, *à part.*

Ah! voilà le diable qui s'en mêle, c'est comme ça qu'elle l'entortille.

SIDONIE

Allons-y!..

COUPLETS

Maman, pour me désennuyer
M' donnait un vieux maitr' de guitare,
Mais ça m'agaçait d'étudier
Ses l'çons en bémol', en bécarre
Pour faire enrager l' vieux crétin
Qui m' rasait avec sa guitare
Je faisais du tin... tin...
Je faisais du tam... tam
Je faisais du tin tam
Du tintamarre

REPRISE EN CHŒUR

Elle faisait du tin tin etc.

2me

Mais un soir il vint un voisin
Comme il avait un violon rare,
Il en joua, puis le malin
M' parla d'amour sans crier gare!
A ce langage galantin
J' sens mon cœur qui saute et s'égare
En faisant du tin tin...
En faisant du tam tam
En faisant du tin tam
En faisant du tintamarre.

ENSEMBLE

Il faisait du tin tin... etc.

III

Voilà qu' maman malheureus'ment
Vint interrompre la fanfare,
Vite ell' donna son consent'ment
Et nous fûmes mariés dar'dare...
Si bien qu' maint'nant soir et matin
Ensemble nous pinçons d' la guitare
Et faisons du tin tin
Et faisons du tam tam
Et faisons du tin tam
Du tintamarre.

ENSEMBLE

Ils font beaucoup d' tin tin.

(La musique continue, piano)

TOUS

Bravo ! .. Divin !. . Pulvérisant !

ADRIEN, *embrassant Sidonie.*

Tiens, je t'adore !...

SIDONIE, *avec orgueil à Thérèse.*

Fais en autant toi. la paysanne.

RÉSÉDA

Elle est aplatie.

POLKETTE

Elle est clouée.

GRINGOLARD

Comme Daphnis.

COLLODION

Comment ?

GRINGOLARD

Oui, Daphnis et *Clouée.*

COLLODION

Oh ! je m' fais aéronaute.

THÉRÈSE

Ça vous mènera loin ces chansons-là...

SIDONIE

Ça vaut mieux que les rengaines de ton village.

THÉRÈSE

Les rengaines de mon village sont bien naïves, mais elles chantent ce qu'il y a de plus sacré à l'homme. La famille et la Patrie, qu'elles apprennent à aimer jusqu'à l'héroïsme ! C'est avec ces chansons-là que nous formions des soldats, des Français !.. C'est avec elles que vous avez été bercé, M. Adrien. Chantez en une pour montrer à ces farceurs que nos chansons laissent quelque chose au cœur... quand on en a !..

ADRIEN

Chanter ? Ah, non alors ! chante plutôt, toi.

TOUS

Oui, oui, non ! non ! chantera, chantera pas.

THÉRÈSE

Eh bien, soit... *(Elle chante.)*

RONDE

I

Ce sont les gas de Boulingas
Qui fur'nt battus par des soldats,
On leur prit leurs femm's et leurs draps
Lanturelu... Lanturelai...
Lanturelai... j'allons dansai
Lanturelai...

II

On leur prit leurs femm's et leurs draps.
Mais ils s'en consolaient tout bas,
Car ils avaient de biaux p' tits gas
Lanturelu... Lanturelai
etc.

III

Car ils avaient de biaux p' tits gas
Qui prir' nt des fusils dans leurs bras
Et allèr' nt venger leurs papas
Lanturelu... Lanturelai
etc.

IV

Et allèr' nt venger leurs papas.
A la victoire on mangea gras
Et l'on refit de nouveaux gas
Lanturelu.. Lanturelai
Lanturelai... j'allons dansai
Lanturelai

TOUS

Bravo Thérèse !... Epatante la chanson.

Conspuez Nini *(bis)* } *bis*
Conspuez }

SIDONIE, *vexée.*

Taisez-vous, imbéciles ! Parce qu'une dindonnière leur glouse une chanson bête comme une oie, ils applaudissent... Tiens, elle fait la roue, la mère Rabat-joie.

THÉRÈSE

Dindonnière, ah ! mais en voilà assez... Si vous continuez à m'asticoter, on a des poignes chez nous, et je vous passe par dessus la rampe de l'escalier, Mamzelle Sidonie !

RÉSÉDA

On va s'crêper le chignon, j'commence à m'amuser.

SIDONIE

Adrien, si tu ne flanques pas dehors ta laveuse de vaisselle, je ne mets plus les pieds ici.

THÉRÈSE

Mais...

ADRIEN, *vivement.*

Assez Thérèse, je te l'ordonne !...

THÉRÈSE

Ah ! je vous le disais bien que vous ne voudriez pas toujours m'entendre..., Tant pis, je vous tirerai malgré vous de ses griffes.

QUATUOR

ADRIEN

Ah ! c'en est trop !... Taisez-vous, je vous prie !...

SIDONIE

Elle m'insulte encor, tu l'entends bien ?

THÉRÈSE

Oh ! je n'ai pas peur de votre furie
De vous calmer, monsieur, j'ai le moyen.

ADRIEN

Plus un seul mot Thérèse, ou je me fâche.

THÉRÈSE

Fâchez-vous donc que m'importe à la fin.

SIDONIE

Qu'elle se taise ou je te lâche ;

THÉRÈSE

Quel malheur pour le genre humain.

SIDONIE, *à Thérèse.*

Ah tais-toi Madam' du chaudron
Avec tes allur's de Boul'dogue,
Mais r'gardez donc c't' ancien laidron
Tout comm' sa cuisin'.. c'est une drogue !
Et ça pos' pour le cordon bleu,
De la vertu ça s' dit l' modèle
Un' femm' ça ?... C'est un pot au feu !...
Eh ! va donc laver ta vaisselle !...

THÉRÈSE, *à Adrien.*

Quoi vous lui faites les doux yeux ?
Vraiment vous avez du courage -
Ell' va perdr' ses dents, comm' ses ch'veux
Et sa tournur' comm' son corsage
De la vitrine d'un coiffeur
C'est l'enseign' vivante échappée,
Ça n'a ni conscienc' ni pudeur
C'est pas un' femm', c'est un' poupée !

SIDONIE, *furieuse lui jetant une assiette qui tombe sur Gringolard.*

Tiens, Margoton à nous deux !

THÉRÈSE, *lui lançant un verre d'eau.*

A ton aise.
Attrape !

GRINGOLARD, *le recevant sur le dos, s'essuyant.*

Ah bon !

SIDONIE, *prenant la saucière.*

Si ça fait ton bonheur.
Tiens, la souillon !

GRINGOLARD, *l'arrêtant solennellement.*

Non, pas la mayonnaise
Cela vous porterait malheur !

ADRIEN

Thérèse !

GRINGOLARD

Epargnez la vaisselle.

THÉRÈSE

Tiens encore !

SIDONIE, *lui jetant un plat.*

A toi gros museau.

GRINGOLARD, *attrapant le plat au vol.*

Mais vous n'envoyez rien sur elle
C'est moi qui r'çois le fricandeau.

ADRIEN

Thérèse !

THÉRÈSE, *lançant un plat.*

Ah ! bah !... ça se remplace.

SIDONIE, *remontant.*

Adrien, Adrien... tu le veux...

ADRIEN, *à Thérèse.*

Allons finis vite, ou je te chasse !

THÉRÈSE, *avec chagrin.*

Et c'est pour elle ?... Oh ! c'est affreux !...

ENSEMBLE

ADRIEN

Oh ! cela m'exaspère
En bravant ma colère,
Ou tu vas me forcer
Ici de te chasser.

GRINGOLARD, RESEDA, POLKETTE, COLLODION

Adrien s'exaspère
Rien ne le fera taire
Il faudra le forcer
Ici de la chasser

SIDONIE

Va-t-en vieille mégère
Je te ferai bien taire,
Ou tu vas me forcer
D'ici, de te chasser

THÉRÈSE

Je brave sa colère
Rien ne me fera taire
Dut mon cœur se briser
Même s'il doit me chasser.

SIDONIE, *furieuse.*

Tu sais je file, je ne veux pas être insultée plus longtemps... Car je suis certaine que c'est un coup monté avec ta cuisinière.

ADRIEN

Sidonie, je t'assure !...

SIDONIE

A d'autres, mon bonhomme ! Mais, tu sais, tu me payeras tout ça ? Tu vas avoir de mes nouvelles.

ADRIEN

Voyons, Sidonie.

SIDONIE, *aux étudiants.*

Filons !... Laissons-le avec sa nourrice, le pauvre bébé.

RÉSÉDA

Oui, il doit avoir besoin de remettre son bourrelet.

POLKETTE

Et de changer de langes !... Tu sais Adrien quand tu nous repinceras chez toi, il fera chaud.

COLLODION, *chantant, air de la Favorite.*

« Que nul de nous ne revienn' dans sa maison
« Qu'il reste seul...

GRINGOLARD, *battant la mesure.*

Une, deux, trois.

TOUS, *chantant.*

Avec que son crampon !
(Parlé) — Adieu bébé !... Adieu mignon !
(Ils sortent.)

SCÈNE IX

Adrien, Thérèse.

ADRIEN, *à Thérèse.*

Tu vois, tu me rends ridicule... Ils se moquent de moi !... Ta sortie est absurde.

THÉRÈSE, *allant à lui.*

Monsieur Adrien, que veut dire cette femme, pourquoi cette menace ?

ADRIEN

Cette menace veut dire que je suis un imbécile, que cette nuit dans un moment de folie, j'ai signé 50.000 francs de billets à cette..... j'ai été volé, mais qui le croira.

THÉRÈSE

C'est une femme de cœur !... disiez-vous.

ADRIEN

Oui, je la prenais pour l'ancienne étudiante, celle qui aime et se dévoue.

RONDEAU

Jadis la jeune étudiante
N'était parbleu pas sans péché,
Mais sa folie insouciante
N'avait aucun vice caché,
Oh ! ce n'était pas le modèle
De la pudeur, de la vertu,
Elle était souvent infidèle
Mais après avoir combattu
C'était la coquette rieuse,
Que le plaisir seul attirait,
Qu'un bouquet frais rendait joyeuse
Et qu'un chapeau neuf enivrait ;
C'était la compagne sincère
Dont le rire éclatant, vermeil,
Jetait sur les jours de misère
Comme un chaud rayon de soleil.
Elle était vive et provocante
Levait la jambe au mollet gras,
S'enivrait comme une bacchante
Pourtant ne se dégradait pas.
Ignorante, elle était fort aise
La nuit et jusqu'au lendemain,
De faire répéter la thèse
De son amant pour l'examen ;
Elle avait la voix qui console
Et malgré plus d'un trait moqueur
Toujours dans sa chanson frivole
Passait un mot touchant du cœur.
Malgré ses écarts, tendres crimes,
Malgré son amour... très léger
Nadaud lui consacra des rimes
Ainsi qu'avait fait Béranger.
C'était Mimi, c'était Musette
C'était la gaité, le plaisir,
En un mot, c'était la grisette
Dont le cœur en secret gardait le souvenir.

THÉRÈSE

Elle est morte celle-là ! Mais en attendant que va-dire votre père ?... Car ce ne sont plus des bêtises que vous avez faites là.

ADRIEN

Je le sais bien... Tiens, je suis furieux, mais comment sortir de ce guêpier ?

THÉRÈSE

Dame, voyons... cherchons... (*Elle remonte*) Gringolard.

ADRIEN, *remontant vivement.*

Hein ? Il fait bien de venir, je vais lui parler énergiquement.

THÉRÈSE, *l'arrêtant.*

Du tout, vous feriez quelque bêtise... laisez-moi seule avec lui... qui sait ?

ADRIEN

Allons soit... aussi bien je le retrouverai toujours. (*Il sort.*)

SCÈNE X

Thérèse, Gringolard.

(*Il entre grave, boutonné, une serviette d'avocat sous le bras.*)

THÉRÈSE

Tiens, ce cher monsieur Gringolard. Quel bon zéphir vous ramène déjà ?

GRINGOLARD

Les affaires, opulente Thérèse, les affaires. J'ai suivi vos leçons et me voilà au travail : (*Sortant des billets*). Avisons le dit Adrien d'Herbert d'avoir à solder 50,000 fr. à l'ordre de...

THÉRÈSE, *va pour prendre les billets. Gringolard, les remet dans sa serviette.*

GRINGOLARD

Touchez pas ! Ça brûle.

THÉRÈSE

Oh ! n'ayez crainte. Il m'a chassée, votre Adrien et toutes les tuiles qu'il recevra, je dirai tant mieux. Est-il bête, entre nous.

GRINGOLARD

Oh ! v'oui !

THÉRÈSE

C'est pas vous qui vous seriez laissé...

GRINGOLARD

Poser ce lapin ? Oh non !

THÉRÈSE

Et si vous étiez, même à présent, à la place d'Adrien ?

GRINGOLARD

Ah ! comme je repincerais mes papiers et... oh ! le beau feu !

THÉRÈSE, *avec admiration.*

Vous êtes un malin, vous ! Et je vais vous demander un conseil. Me voilà libre à présent. Je voudrais me marier... J'ai du bien au soleil, de solides économies.

GRINGOLARD

Ah ! Diable ! Et une nature... idem.

THÉRÈSE, *avec intention.*

Mais où trouver un mari assez intelligent.

GRINGOLARD, *éveillé, à part.*

Tiens, tiens, tiens (*Haut*). Mais ça peut se rencontrer sans aller bien loin.

THÉRÈSE, *appuyant.*

J'en ai bien un dans l'idée... mais il est trop spirituel... Trop distingué, il ne voudrait pas d'une paysanne.

GRINGOLARD

Ça dépend ! L'anse du panier a donc gentiment cabriolé dans vos menottes.

THÉRÈSE, *minaudant.*

Dame les affaires sont...

GRINGOLARD

A qui le dites-vous, déesse ! Combien ?

THÉRÈSE

Oh ! ne me regardez pas ainsi, Théodule, vous me troublez.

GRINGOLARD

Elle sait mon petit nom !

THÉRÈSE

Malheureusement, celui que j'aime en aime une autre.

GRINGOLARD

Il n'aime que toi, adorable Thérèse, il est à tes pieds !

THÉRÈSE

Taisez-vous, Théodule, je sais que vous lorgnez cette affreuse Sidonie.

GRINGOLARD

Sidonie ! Jamais de la vie ! Geneviève, oui, à la bonne heure !

THÉRÈSE

Geneviève, mais elle n'a pas le sou, cette mauviette.

GRINGOLARD

Si elle gagne son procès, elle sera riche. Mais n'importe ! Aussi j'abandonne tout pour toi, l'héritage de Geneviève, d'autant qu'il n'est pas sûr ; et je te donne tout : mon cœur, mon avenir, mon amour. Et je suis pour la vie Théodule qui t'aime.

THÉRÈSE

Il m'aime ! Ah ! l'émotion, j'étouffe, de l'air ! (*Elle ôte son fichu.*)

GRINGOLARD, *ébloui.*

Ah ! sapristi, je disais les Alpes ! Mais c'est l'Hymalaya. Et je m'y connais !

THÉRÈSE

Vite, un verre d'eau. Oh ! les nerfs ! Oh ! là ! là ! un verre d'eau.

GRINGOLARD, *éperdu.*

Voilà, voilà ! où ça le verre d'eau ?

THÉRÈSE, *trépignant, tombant assise.*

Là, sur le buffet. Oh ! là ! là !

GRINGOLARD

Voilà ! (*Il pose sa serviette sur la table près de Thérèse et court au buffet.*) Une seconde... contenez-vous une seconde...

THÉRÈSE, *enlevant vivement les billets de la serviette.*

Enfin !

GRINGOLARD

Le verre d'eau demandé.

THÉRÈSE, *se levant.*

Non, buvez-le, ça va mieux.

GRINGOLARD

Alors, vrai, tu m'aimes ?

THÉRÈSE

Oui, croyez-ça et buvez de l'eau.

GRINGOLARD

Que veut dire ?... Sapristi, ma serviette ! (*Il reprend sa serviette. — Voix de Geneviève : « Madame Thérèse, Monsieur Adrien. »*)

SCÈNE XI

Gringolard, Thérèse, Geneviève *puis* **Adrien.**

GENEVIÈVE, *très émue entrant vivement, une lettre à la main.*

Madame Thérèse ! Monsieur Adrien.

ADRIEN, *entrant.*

Qu'y a-t-il ?

THÉRÈSE

Il vous arrive un malheur ?

GENEVIÈVE

Au contraire un grand bonheur. Nous allons être riches... Notre procès est enfin gagné.

GRINGOLARD, *à part.*

Sapristi, j'ai été trop vite...

ADRIEN

Un procès ? Vous ne m'en avez jamais parlé, Mademoiselle Geneviève.

GENEVIÈVE

C'est Monsieur Gringolard qui m'avait défendu de vous en rien dire.

ADRIEN

Pourquoi cela ?

THÉRÈSE

Pour vous jeter dans les bras de Sidonie pendant que lui épouserait les écus de Mlle Geneviève.

GRINGOLARD, *à Adrien.*

Distinguo... Je vais t'expliquer.

ADRIEN

Je comprends tout... Ah ! triple jésuite... Attends un peu. (*Il court sur Gringolard qui se sauve en criant*).

GRINGOLARD

Mais c'est un guet-apens... à moi... au secours ! (*Bousculade et poursuite*).

SCÈNE XII

LES MÊMES, *plus* **Sidonie, Réséda, Polkette** *et* **Collodion.**

SIDONIE, *entrant.*

Qu'y a-t-il donc ?

POLKETTE

On s'égorge ?

COLLODION

On s'assassine ?

GRINGOLARD, *se réfugiant derrière eux.*

A moi !... il veut m'étrangler ! .. le lâche !...

SIDONIE, *à Adrien.*

Mes compliments, vous avez une façon très aimable de recevoir vos amis. (*Voyant Geneviève*). Oh ! pardon, je vous dérange.

COLLODION

La Geneviève déjà nommée.

ADRIEN, *prenant la main de Geneviève.*

Mademoiselle Sidonie, je vous présente ma femme. (*Geneviève émue se serre contre Adrien*).

COLLODION

Oh ! je me fais aéronaute.

SIDONIE

Tableau touchant ! Mais vous savez, ça coûte cher de jouer au lâcheur... Allons, Gringolard, filez chez un huissier. (*Gringolard remonte*).

THÉRÈSE

C'est inutile. Bien mal acquis ne profite jamais !

SIDONIE

Vous croyez ?

THÉRÈSE

Demandez à votre homme d'affaires.

SIDONIE

Gringolard ! Vite les billets.

GRINGOLARD, *ouvrant la serviette.*

Sapristi... Eclipsés ! (*A part, regardant Thérèse.*) C'est elle qui... pendant le verre d'eau. Je suis flambé... Et je m'y connais !

THÉRÈSE

Merci du conseil, Théodule... Oh ! le beau feu. (*Elle va jeter les billets dans la cheminée, Adrien l'arrête.*)

SIDONIE

Je suis volée.

THÉRÈSE

Oh ! elle est forte celle-là !

SIDONIE

Je perds tout.

ADRIEN, *prenant la liasse et lui rendant.*

Vous ne perdez rien... j'ai péché... je paye...

SIDONIE

Dites donc, vous, qu'est-ce qui vous demande l'aumône ? (*A Geneviève*) Vous vous mariez petite, voilà pour payer les violons. (*Elle jette les billets au feu.*)

GRINGOLARD

Ah ! laisse-moi t'embrasser pour ce trait-là.

POLKETTE

Tu tournes mal, Sidonie.

COLLODION

Tu finiras honnête femme !

THÉRÈSE, *à Adrien.*

Enfin vous voilà sauvé du naufrage.

ADRIEN, *lui prenant la main.*

Oui, grâce au Terre-Neuve !

FINAL

ADRIEN

Puisque la jeuness' n'a qu'un temps
Profitons de notre jeunesse,
Quand disparaîtront nos vingt ans
Nous retrouvons la sagesse !

SIDONIE

En attendant avec entrain
Redisons tous cette guitare :
Et faisons du tin tin
Oui faisons du tam tam,
Refaisons du tin tam
Du tintamarre !

(*Reprise en chœur.*)

Vannes. Imp. — LAFOLYE, 2, place des Lices. — 5-5-1900.

AUTEURS	TITRES DES ŒUVRES	Hommes	Femmes	Prix nets
Soulié	Fiancés du bonnet de coton (Les)	1	1	5 »
L. Vasseur	Fichue idée d	2	1	5 »
Brigliano-Talber	Fichue situation d	troupe	»	loc.
Liouville	Fièvre phylloxérique (La)	3	2	4 »
Berthe	Fille du charpentier (La)	3	1	5 »
Lebreton-Moreau	Fille du marin (La) d	8	7	loc.
Lebreton-Soudant	Filles de la Cantinière (Les) d	troupe	»	loc.
Lebreton-Moreau	Fils à Papa (Le) d	troupe	»	loc.
Chaulieu et Battaille	Fils de M. Alphonse (Le) (vaud.) d	troupe	»	loc.
Duroc-Mailfait	Five O'Clock de la Baronne	7	2	loc.
Villebichot	Fleuriste et typographe	1	1	5 »
Lebreton-Talber	Foire aux nichons (La) d	7	7	loc.
Pradels-Quinel	Fosse aux ours (La)	troupe	»	loc.
Divers	Françoise les bas bleus d	troupe	»	loc.
Lebreton-Beissier	Frangine (La) d	troupe	»	loc.
Divers	Fantrognon d	8	11	loc.
Lebreton-Moreau	Frère de lait (Le)	1	2	4 »
Carin-Tomy	Friper's and C[o] d	troupe	»	loc.
Lebreton-Moreau	Friquet d	9	7	loc.
Cieutat	Furet (Le)	»	1	4 »
Moreau-Touzé	Gai gai mariez-vous !	4	3	loc.
Divers	Gavroche et Loup de mer	1	1	loc.
Froyez-Colias	Grand Duc Moleskine (Le) d	6	6	loc.
Lefort	Grand papa de la chanson (Le) d	1	1	3 »
Lebreton-Blairat	Grenouille (La) d	4	2	loc.
Moreau-Marcus	Grève des facteurs (La)	2	2	loc.
M.-Brisac	Guerre aux hommes (La) d	6	7	loc.
Lebreton-Nicolai	Gueule d'Or d	6	6	loc.
Lebreton-Moreau	Héritière de Carapattas (L') d	8	8	loc.
Villebichot	Hirondelles de la rue (Les)	»	2	3 »
Lebreton-Blairat	Homme pâle (L') d	4	2	loc.
Lebreton-Duroc	Hôtel d'Artistes d	troupe	»	loc.
Lebreton-Duroc	Hôtel de Noblepanne d	4	4	loc.
Darantière et Bouvet	Hôtel du lac bleu (L') d	7	6	loc.
Dourel-Jost	Hôtel modèle d	7	7	loc.
Antigeon-Dourel	Hypnotiseur malgré lui (L') d	3	2	loc.
Moniot	Jacotte	1	1	5 »
Liger-Aubrun	J'ai perdu Virginie	3	1	loc.
Nargeot	Jeanne, Jeannette et Jeanneton d	2	3	8 »
Michiels	Jefque et Triune	1	1	4 »
Lebreton-Soudan	J'épouse ma bonne d	5	4	loc.
A. Perronnet	Je reviens de Compiègne	»	1	4 »
Bernicat	Jeunesse de Béranger (La)	3	1	6 »
Lebreton-Moreau	Jocrisses du mariage (Les) d	troupe	»	loc.
B. Lebreton	Joies du divorce (Les) d	troupe	7	loc.
L. Collin	Journée aux soufflets (La)	1	1	4 »
Herpin	Ki-Ki-Ri-Ki d	troupe	»	loc.
Robillard	La vengeance de Ramoli	2	1	4 »
Desormes	Leçon de musique (La)	1	1	4 »
J. Clérice	Léda d	troupe	»	loc.
Cazaneuve	Loi du pal (La) d	troupe	»	5 »
Herpin	Lune de Miel (La) d	4	1	loc.
Moreau-Gramet	Ma Colonelle	2	2	loc.
Clairville fils	Madame la baronne d	1	1	4 »
Wachs	Madame le docteur	2	1	4 »
V. Roger	Mademoiselle Louloute	2	2	5 »
Bessière-Marinier	Maire et Martyr d	3	2	loc.
Talexy	Maître Grelot	3	2	7 »
Bouvet	Major Purjotin (Le)	4	3	loc.
Moyne-Jacoutot	Mamzelle Claudinette d	3	2	loc.
T'ar Nemw Celval	Mamzelle Culot	troupe	»	
De Lajarte	Mam'zelle Pénélope d	3	1	7 »
Fransois	Mandat (Le) d	troupe	»	lo .
Jouhaud	Mariages riches	1	1	3 »
Moniot	Marianne et Jeannot d	1	2	8 »
Tollet	Marié sans l'être	4	»	3 »
Moreau-Duroc	Maris jaloux (Les)	5	2	lo .
Simiot	Mariés de Nanterre (Les)	1	2	4 »
Gresset-Bernard	Méfiez-vous d'Oscar d	2	2	loc.
E. André	Melon (Le) (monologue saynète)	1	»	2 »
Moreau	Ménage Poire	troupe	»	loc.
Desormes	Menu de Georgette (Le)	3	2	8 »
Ch. Gabet	Mérite des femmes (Le) d	4	4	loc.
Moreau-Boucherat	Médjidié (Le)	2	2	loc.
Soudant	Mimi Vadrouille	troupe	»	
Lebreton-Moreau	Miss Kissmy d	5	5	loc.
Boissier	Miss Million d	troupe	»	loc.
Bessier-Moreau	Môme aux Camélias (La) d	troupe	»	loc.
Bessière-Ruffier	Môme aux grands yeux (La) d	8	6	loc.
Chassaigne	Monsieur Auguste d	1	1	3 »
Garnier-Vallès	Monsieur ma belle mère	2	3	loc.
Lebreton-Moreau	Monsieur Sans Gêne d	troupe	»	loc.
Blairat-Neuzillet	Mouche (La) d	troupe	»	loc.
Moreau-Touzé	Mouche du Coche (La)	4	2	loc.
Joly	Myope et presbyte d	1	1	4 »

AUTEURS	TITRES DES ŒUVRES	Hommes	Femmes	Prix nets
Desormes	Nègre de la Porte St-Denis (Le)	3	3	3 »
E. Lhuillier	Nez enchanté (Le)	1	1	3 »
Dorfeuil-Moreau	Le Nez de Cyrano d	troupe	»	loc.
Herpin	Noce à Grospoulot (La)	5	7	loc.
F. Barbier	Noce à Suzon (La)	1	1	4 »
L. Collin	Noces d'or (Les)	2	1	5 »
Moreau-Gramet	Nos petites Chattes	3	5	loc.
Dorfeuil-Guillemaud-Dubarnois	Nos pioupious d	troupe	»	loc.
Lebreton-Moreau	Nos voisins d	6	6	loc.
V. Roger	Nourrice de Montfermeil (La)	2	3	6 »
Ch. Gabet	Nouvel Achille (Le) (vaud.) d	3	1	loc.
Touzé Prud'homme	Nuit de Noces de Beauflanchet	6	1	loc.
Jacobi	Nuit du 15 octobre (La) d	3	4	6 »
Dédé fils	Oncle et Neveu	3	»	3 »
Louis Bouvet	Oncle Maboulin (L')	4	4	loc.
Bessière-Ruffier	Ordonnance Bezuchet (L') d	troupe		loc.
Berthelot Roland	Othello chez Thaïs d	3	5	loc.
Dufils	Paille et la Poutre (La)	»	2	6 »
Billemont	Pantalon de Casimir (Le)	1	1	6 »
A. Petit	Par autorité de Justice d	5	3	loc.
Dorfeuil-Moreau-Dédé	Paris aux Courses d	8	8	loc.
F. Barbier	Par la fenêtre	1	1	4 »
J. Walter	Par la Gymnastique d	2	1	loc.
Henry Moreau	Partie de Campagne d	troupe	»	loc.
Ed. Lhuillier	Pasquinette	1	1	3 »
Bénédite-Jaucourt	Le pays Vierge d	troupe	»	loc.
Perrault-Maty	Perruche de ma femme (La) d	4	3	loc.
Tréblat-St-Cyr	Personne (drame en 5 minutes)	2	1	1 »
L. Collin	Petit Spahi (Le)	3	3	5 »
Lebreton-Moreau	Petite baronne (La) d	troupe	»	loc.
Linas	P'tite bête vit encore (La) d	1	1	4 »
Lebreton-Moreau	Petite colonelle (La) d	8	3	loc.
id.	Petites Menichons (Les) d	troupe	»	loc.
A. Petit	Petits lapins (Les) d	troupe	»	loc.
Maurey et Jimbu	Petits Trottins (Les) d	5	6	loc.
J. Clérice	Phrynette d	troupe	»	loc.
A. Alavoine	Plumechat et Cie d	4	6	loc.
F. Barbier	Points jaunes (Les)	1	1	5 »
Cinoh-Verdellet	Pompier d'Endoume (Le)	5	2	loc.
Gresset-Bernard-Letorcy	Pompier d'Ernestine (Le) d	2	2	loc.
Autigeon-Dourel	Poste restante 222 d	4	3	loc.
F. Barbier	Poupée automate (La)	1	1	4 »
Fay	Pour qui le gosse ?	2	3	loc.
A. Lambert	Première brouille (La) comédie	»	1	1 »
F. Barbier	Premières armes de Parny (Les)	1	3	5 »
Moreau	Professeur de chant (Le)	1	1	3 »
De Ste-Croix	Pygmalion d	1	2	6 »
Garnier-Héros	Queue du Diable (La) d	troupe	»	loc.
Delilia-Héros	Qui va à la Chasse	2	2	loc.
L. Collin	Qui se dispute s'adore	1	1	4 »
Villebichot	Réponse du Berger (La)	1	1	4 »
Jacoutot	Retour de Kerdrec (Le)	troupe	»	4
Meugé	Retour de Margotte (Le)	1	1	4 »
Roques	Retour de Mars (Le)	1	2	4 »
L. Collin	Retour de Musette (Le)	1	1	4 »
Autigeon-Dourel	Revanche de Verluisant (La) d	5	2	loc.
Ch. Thony	Robes et Manteaux d	5	4	loc.
F. Chaudoir	Roi Claquette (Le) d	3	3	6 »
Briollet-Yvel	Roi koku (Le) d	troupe		loc.
Desormes	Roland furieux	3	1	5 »
L. Desormes	Romance impossible (La)	2	»	2 »
Ch. Gabet	Rosière de Valentino (La) d	3	1	loc.
Michiels	Rosière d'Interlaken (La)	1	1	4 »
Ch. Gabet	Ruy Black (v.) d	troupe	»	loc.
Claments	Saint-Yvon (La) d	2	1	5 »
Ch. Lecocq	Sauvons la caisse d	1	1	6 »
Marsal-Lefebvre-Bonamy	Septième Escouade (La) d	9	7	loc.
R. Planquette	Serment de Mme Grégoire (Le)	1	1	8 »
Lebreton-Soudan	Serment du marin (Le) d	4	2	loc.
Lebreton-Moreau	Signe de Léda (Le) d	troupe	»	loc.
Ouvier	Simone et Boquillon	2	1	5 »
Lebreton-Duroc	Soir de Noce d	4	4	5 »
Mailfait	Soirée bourgeoise	2	2	loc.
Lescrre	Soirée d'amateurs, pochade	5	»	1 »
Lebreton-Moreau	Soldat !	troupe	»	loc.
Gresset	Souffleur par amour d	3	1	loc.
Meyan	Soupirs du cœur	2	3	5
Ch. Malo	Souviens-toi de Clémentine	2	1	
Moreau-Darsay	Spiritisme des Familles	4	4	
Tac-Coen	Suzette, Suzanne et Suzon	1	3	loc.
Wachs	Tata chez Toto	2	1	4 »
Lempereur et Pimard	Témoin (Le)	3	1	loc.
Chassaigne	Toc	2	2	4 »

Livrets d'opéras et opéras-comiques, net : 2 fr. — Livrets d'opérettes, net : 1 franc.

Pour la location de l'orchestre ou l'abonnement, s'adresser à l'Editeur.

AUTEURS	TITRES DES ŒUVRES	Hommes	Femmes	Prix net	AUTEURS	TITRES DES ŒUVRES	Hommes	Femmes	Prix net
Hervé.	Toinette et son carabinier. .	2	1	5 »	Jouhaud. . . .	Une femme du quart du monde	2	»	4 »
Bessier-de Gorsse..	Tonton d.	3	3	6 »	Villebichot. . .	Une femme qui bégaie d. . .	3	»	6 »
Wachs.	Totor et Titine	2	1	loc.	L. Roques. . .	Une femme tombée du Ciel .	1	1	5 »
Hubans	Tour de Moulinet (Le) d. .	2	1	4 »	Villebichot. . .	Une fille à trucs	3	1	4 »
Cartier.	Train des Maris (Le)	2	1	8 »	Liouville. . . .	Une fille en loterie	2	»	4 »
Moreau-Duroc .	Tranquil'hôtel	5	4	4 »	Touzé-Monjardin	Une intrigue chez les Mouchamiel.	2	»	loc.
Moreau-Darsay.	Trente mille francs par an..	2	2	loc.	Desormes. . . .	Une lune de miel normande	1	1	4 »
Ch. Gabet . . .	Trésor des Dames d.	troupe	»	loc.	L. Collin. . . .	Une mariée sans mari . . .	1	»	4 »
Lebreton-Moreau .	Treize jours d'un Parisien (Les) d.	troupe	»	loc.	Éd. Lhuillier. .	Une marine à vapeur. . . .	1	8	4 »
id	Treizième spahis (Le) d. .	troupe	»	loc.	Desormes . . .	Une mauvaise connaissance	3	»	5 »
id.	Trio de troupiers d.	troupe	»	loc.	Moreau-Darsay	Une mauvaise nuit	2	2	loc.
Lebreton Téramond	Trois Gosses (Les).	4	4	loc.	Ch. Gabet . .	Une nourrice sur lieu d. .	2	4	loc.
Lebreton-Moreau..	Trois Maçons (Les) d.	4	2	loc.	Moreau-Dorfeuil. .	Une nuit de Paris d.	troupe	8	loc.
Lambert-Lebreton .	Truc du Pharmacien (Le). .	4	1	loc.	Duhem.	Une partie à Robinson . . .	2	»	4 »
L. David. . . .	Tu l'as voulu d.	3	1	5 »	Wachs.	Une pleine eau à Chatou . .	2	»	4 »
Héros Jost. . .	Tziganie dans les Ménages (La) d	troupe	»	loc.	Bernicat. . . .	Une poule mouillée.	1	1	4 »
Javelot . .	Un amour d'épicier.	2	1	4 »	De Paniagua. .	Une sale Histoire d.	3	2	loc.
P. Henrion . .	Un charcutier dans les fers.	1	1	4 »	Chassaigne. . .	Une table de café	2	»	4 »
Chassaigne. . .	Un Coq en jupons	1	1	4 »	Robillard. . . .	Une tempête conjugale.. . .	1	»	4 »
Banès	Un do malade	2	1	5 »	Liger-Aubrun .	Urticaire (L').	4	1	loc.
Wachs.	Un domestique pour rire. .	1	1	4 »	R. Planquette .	Valet de cœur	1	1	4 »
Moreau-Gramet.	Un dragon pour deux. . . .	3	2	1 »	J. Walter . . .	Végétariens (Les) d.	troupe	1	loc.
G. Laurens . .	Un futur sur le gril.	2	1	4 »	Robillard. . . .	Vengeance de Ramolli (La).	2	2	4 »
Ch. Malo . . .	Un gendre à poigne.	2	2	5 »	L. Roques. . .	Vénus infidèle (Retour de mars) d.	1	2	4 »
Pericaud. . . .	Un hercule qui ne veut pas se rouiller	2	1	4 »	Moreau-Boucherat.	Vert galant.	6	1	loc.
Cambillard. . .	Un mariage à la force du poignet	1	1	3 »	Lebreton-Moreau .	Vierges du chahut (Les) d. .	troupe	1	loc.
Ch. Malo . . .	Un mariage au flageolet. . .	1	1	4 »	Desgranges. . .	Vieux Sorcier d.	3	3	loc
Dauphin. . .	Un mariage en Chine d. . .	4	1	6 »	Borani-Planquette.	Vingt-huit jours de Champignolette d. . .	6	1	loc.
Bernicat. . . .	Un mari à l'essai	1	1	4 »	Ratcée-Corbeau	Vive la Classe d	7	8	loc.
Pericaud. . . .	Un mari en grande vitesse .	3	1	4 »	Norman-Vallès.	Vive les Bleus.	7	4	loc.
L. Collin. . . .	Un mauvais conscrit	2	»	4 »	Chaudoir. . . .	Voilettes magiques (Les).. .	1	1	5 »
Chassaigne. . .	Un 1er jour de ménage. . . .	1	1	4 »	Lebreton-Moreau .	Vocation d'Isoline (La) . .	1	2	4 »
F. Barbier . . .	Un souper chez Mlle Contat.	»	2	5 »	Jacobi	Voilà l'plaisir, mesdames . .	2	2	4 »
Bernicat. . . .	Une aventure de la Clairon .	2	2	6 »	Ch. Hubans . .	Voiture à vendre d. . . .	2	4	loc.
Lebreton-Blairat. .	Une Consultation d.	4	3	loc.	Lebreton-Moreau .	Volontaire de 92 (Le) d . . .	troupe	4	4 »
Garnier-Vallès .	Une Corbeille de Noce. . . .	5	3	loc.	Tac-Coen . . .	Volontaire et vivandière. . .	1	2	1 »
E. André . . .	Une drôle de Marquise . . .	2	1	3 »	P. Talber. . . .	Volupté des dames (La). . .	4	3	loc.
Claments . .	Une étoile d'antichambre d .	2	1	5 »					

Livrets d'opérettes et de vaudevilles, net : 1 franc.

Pour la location de l'orchestre ou l'abonnement, s'adresser à l'Éditeur.

POUR LES GRANDS OUVRAGES DU RÉPERTOIRE

CONSULTER LE CATALOGUE SPÉCIAL DES

OUVRAGES DE THÉATRE

QUI EST ENVOYÉ **FRANCO** SUR DEMANDE

MM. les Directeurs sont priés de s'adresser à l'Éditeur pour le conducteur et les parties d'orchestre ainsi que pour le service des pièces nouvelles.

Des envois de livrets à choisir sont faits sur demande en port dû aller et retour.

Vannes. — Imp. Lafolye. — 525-1900.